AF325114

GRANDE CHANCELLERIE

DE L'ORDRE IMPÉRIAL

DE LA LÉGION D'HONNEUR.

RECUEIL

DE DÉCRETS, RÈGLEMENTS ET INSTRUCTIONS

CONCERNANT

L'ORDRE IMPÉRIAL DE LA LÉGION D'HONNEUR

LA MÉDAILLE MILITAIRE ET LES ORDRES ÉTRANGERS.

PARIS,

IMPRIMERIE ADMINISTRATIVE DE PAUL DUPONT,

Rue de Grenelle-Saint-Honoré, 45.

1858

GRANDE CHANCELLERIE

DE L'ORDRE IMPÉRIAL

DE LA LÉGION D'HONNEUR

ADMINISTRATION CENTRALE.

GRAND CHANCELIER.

Son Excellence M. le Général de division LEBRUN, Duc de Plaisance, G. ✳, *Sénateur*.

AIDE DE CAMP DE S. EXC. LE GRAND CHANCELIER.

M. le vicomte de Hédouville, ✳, *Chef d'escadron au Corps d'Etat-Major*.

SECRÉTAIRE GÉNÉRAL.

M. le Général de brigade Maizière, C. ✳.

Le Grand Chancelier est choisi parmi les Grands-Croix et les Grands Offi-ciers de la Légion d'honneur. Il est dépositaire du sceau de l'Ordre, il soumet à l'approbation de l'Empereur les règlements et décisions concernant la Lé-gion d'honneur et les Ordres étrangers, présente les candidats pour les nominations ou promotions dans la Légion d'honneur. Il a dans ses attri-butions la Médaille militaire instituée par les décrets des 22 janvier et 29 février 1852. Il signe et fait expédier les titres de nominations, remet les décorations ou transmet les délégations nécessaires aux membres de l'Ordre qui doivent les remettre en son nom. Il prend les ordres de l'Empe-reur au sujet des Ordres étrangers conférés à des Français, obtient et transmet les autorisations nécessaires pour les accepter.

Le Grand Chancelier présente le travail relatif aux gratifications extraor-dinaires accordées aux légionnaires, ainsi qu'à l'admission et à la révo-cation des élèves, pensionnaires et gratuites, dans les maisons impériales d'éducation de Saint-Denis, d'Ecouen et des Loges. Il prend les mesures pour l'exécution des règlements sur la discipline des membres de la Légion d'honneur, prend les ordres du Gouvernement relativement aux cérémonies

publiques auxquelles les Grands-Croix et les Grands Officiers sont appelés.
Il présente les rapports et le budget annuel, dirige et surveille toutes les
parties de l'administration de l'Ordre et des établissements qui en dépendent, la perception des revenus, les payements des dépenses, préside les
assemblées des Compagnies des canaux du Midi, d'Orléans et de Loing.

Le Secrétaire général dirige, sous le contrôle du Grand Chancelier, tous
les services relevant de la Légion d'honneur, il en a la surveillance générale et préside aux adjudications de fournitures ; il a, en outre, la signature
et représente le Grand Chancelier en cas d'absence, de maladie, ou par
délégation.

CONSEIL DE L'ORDRE IMPÉRIAL DE LA LÉGION D'HONNEUR.

Ce Conseil a été institué par les décrets des 24 mars 1851 et 16 mars 1852.

Les membres du Conseil sont nommés par l'Empereur. Le Grand Chancelier et le
Conseil veillent à l'observation des statuts et règlements de l'Ordre et des établissements qui en dépendent. Le Conseil donne son avis sur la répartition des nominations
et promotions dans la Légion d'honneur, sur l'établissement du budget de l'Ordre
et sa répartition entre les diverses branches du service de la Grande Chancellerie,
sur le règlement des comptes de recettes et de dépenses, sur les mesures de discipline
à prendre envers les membres de l'Ordre, sur les demandes en autorisation d'accepter
et de porter des Ordres étrangers, enfin sur toutes les questions pour lesquelles le
Grand Chancelier juge utile de provoquer son avis.

Il est composé du Grand Chancelier, *Président*; de 10 membres choisis dans les
différents grades de l'Ordre, et du Secrétaire général de la Légion d'honneur, *Vice-
Président*.

MEMBRES DU CONSEIL :

MM. Son Excellence le Général de division Lebrun, duc de Plaisance,
Grand Chancelier de la Légion d'honneur, Sénateur, Président, G. ✳.
Maizière, *Général de brigade, Secrétaire général de la Légion
d'honneur*, Vice-Président du Conseil, C. ✳ ;
Grivel, *Vice-amiral*, G. ✳ ;
De Bar, *Général de division, Sénateur*, G. O. ✳ ;
Baroche, *Président du conseil d'État*, G. O. ✳ ;
Général de division Baron de Saint-Joseph, G. O. ✳ ;
Foucher (Victor), *Conseiller à la Cour de cassation*, C. ✳ ;
Boulay de la Meurthe, *Conseiller d'État*, C. ✳ ;
Baron de Lacrosse, *ancien Ministre des travaux publics, Séna-
teur*, C. ✳ ;
Larabit, *Sénateur*, O. ✳ ;
De Gombert, *Conseiller maître à la Cour des comptes*, O. ✳.

BUREAU DU SECRÉTARIAT GÉNÉRAL.

M. Renaux, *sous-chef*, chargé du bureau.

Enregistrement des lois et décrets, leur envoi dans les bureaux. Réception, ou-
verture, enregistrement et distribution des lettres et dépêches. Timbre et contre-seing.
Affaires réservées. Personnel des employés de l'Administration centrale. Demandes
d'admission et de promotion dans l'Ordre. Présentation des candidats. Conseil de
l'Ordre. Affaires disciplinaires. Centralisation des avis, décisions et décrets à sou-
mettre à l'Empereur ou au Grand Chancelier.

DIVISION ADMINISTRATIVE.

M. Palluy, *chef de la division*, ✶.

1er Bureau.

(1re Section).

M. de Kinkelin (le baron), *chef de bureau*, ✶.

Registres matricules de l'Ordre de la Légion d'honneur et de la Médaille militaire. Expédition et délivrance des lettres d'avis, brevets et décorations de la Légion d'honneur et de la Médaille militaire. Mention sur les registres matricules des mutations survenues dans l'Ordre de la Légion d'honneur, et parmi les décorés de la Médaille militaire. Correspondance relative à ces mutations. Annuaire de l'Ordre.

(2e Section).

M. Delort de Gléon (le baron), *sous-chef.*

Gratifications et secours aux membres et aux orphelines de la Légion d'honneur, examen et instruction des demandes en autorisation d'accepter et de porter des Ordres et des décorations étrangères. Registres matricules des Ordres étrangers.

2e Bureau.

M. Tourey, *sous-chef*, chargé du bureau.

Administration; personnel et dépenses des maisons d'éducation. Dépenses intérieures. Administration et entretien des immeubles de la Légion d'honneur. Affaires contentieuses. Réception et comptabilité des matières. Cérémonies publiques. Archives.

DIVISION DES FONDS ET DE LA COMPTABILITÉ.

M. Saisset, *chef de la division*, ✶.

1er Bureau.

Gagne, *chef de bureau.*

Admission au traitement et payement des membres de la Légion d'honneur et des décorés de la Médaille militaire, payement des gratifications et secours aux membres et aux orphelines de la Légion d'honneur. Comptabilité générale.

2ᵉ Bureau.

M. Noret, *sous-chef*, chargé du bureau.

> Recettes et dépenses de la Légion d'honneur, des droits de chancellerie et frais d'expédition, mouvements des fonds, correspondance avec les agents chargés des recettes et des dépenses. Budget de l'Ordre. Présentation des comptes à la Cour des comptes.

CONTROLE DES DÉPENSES DU PERSONNEL ET DU MATÉRIEL.

M. Robin, *contrôleur*.

> Visa préalable des décisions et autorisations entraînant dépense des mandats, des oppositions. Contrôle des marchés dans leur rapport avec les crédits budgétaires. Contrôle des comptes matière et magasins. Registre de la situation financière.

AVOCATS, OFFICIERS PUBLICS, ARCHITECTES ET MÉDECINS ATTACHÉS A LA
GRANDE CHANCELLERIE.

MM. Delachère, *Avocat à la Cour de cassation ;*
Joffrès, *Avocat à la Cour impériale de Paris*, ✳ ;
Yver, *Notaire ;*
Prévost, *Avoué ;*
Lejeune, *Architecte,* ✳ ;
Chatillon, *Architecte honoraire ;*
M. Dupuis (Alexandre), *Médecin de la Grande Chancellerie,* O. ✳.

MAISONS IMPÉRIALES D'ÉDUCATION DE L'ORDRE DE LA LÉGION D'HONNEUR.

Ces maisons sont sous la surveillance et la direction du Grand Chancelier de l'Ordre de la Légion d'honneur, qui présente les élèves à la nomination de l'Empereur. Les chapelles de ces maisons sont sous la juridiction spirituelle de l'évêque diocésain.

MAISON IMPÉRIALE DE SAINT-DENIS.

La distinction honorifique des dames de cette maison consiste en une croix pattée, émaillée de blanc, anglée de rayons d'or pour les dames et d'argent pour les novices. Le centre de la croix présente d'un côté la Vierge dans son assomption, et de l'autre, sur fond d'azur, Honneur et Patrie avec cet exergue : Maison d'éducation de Saint-Denis. La décoration est en or, du diamètre de 4 centimètres 2 millimètres pour la surintendante et les dignitaires ; elle est également en or pour les dames de 1re et de 2e classe, mais du diamètre de 3 centimètres 6 millimètres. Elle est en argent pour les novices et de même diamètre que celle des dames de 1re et de 2e classe. La décoration est suspendue à un ruban moiré rouge. La grande décoration en or, que porte la surintendante, est attachée au bas d'un large ruban de même couleur, semblable à celui des Grands-Croix de l'Ordre, et passant de l'épaule droite au côté gauche. Les dignitaires portent la même décoration en or, en sautoir, attachée à un ruban de même couleur, un peu plus large que celui des Commandeurs de l'Ordre. Les dames de 1re classe portent la décoration en or, du diamètre de 3 centimètres 6 millimètres, à l'épaule gauche, attachée à un ruban de même couleur, avec une rosette, comme les Officiers de l'Ordre. Les dames de 2e classe portent la même décoration en or, attachée à un ruban de même couleur et de même largeur, mais sans rosette. Les novices portent la décoration en argent au côté gauche attachée à un ruban moiré rouge, sans rosette, de la même largeur que celui des dames de 1re et de 2e classe. La distinction des postulantes au noviciat consiste en un ruban moiré, attaché à l'épaule gauche.

Aucune dame ne peut porter la décoration à l'extérieur de la maison avant d'avoir rempli ses fonctions avec zèle et assiduité, pendant 20 années, à dater du Statut de réorganisation ; et, dans ce cas, elle doit y être autorisée, cette faculté devant être considérée comme un témoignage de satisfaction.

Le Statut du 23 avril 1821 fixe la quotité des pensions de retraite que l'on accorde aux dignitaires et dames après un nombre déterminé d'années de service dans la maison.

Cette maison est destinée à recevoir 400 élèves gratuites, filles de membres de la Légion d'honneur, sans fortune, et 100 élèves pensionnaires, filles, petites-filles, sœurs, nièces ou cousines de membres de l'Ordre.

Elle est dirigée par une surintendante qui a sous ses ordres 6 dignitaires, 12 dames de 1re classe, 40 dames de 2e classe, 20 novices et 20 postulantes au noviciat.

Les élèves sont reçues de neuf à douze ans ; elles doivent savoir lire et écrire, et elles sortent à dix-huit ans, ou plus tôt, si les parents désirent les retirer.

Les places sont accordées par rang d'âge, en commençant par les demoiselles qui sont le plus près d'atteindre l'âge de douze ans.

Chaque famille ne peut obtenir qu'une place gratuite.

Toute élève gratuite ou pensionnaire, avant d'entrer dans la maison, paye à la caisse des dépôts et consignations (rue de Lille, n° 2) quatre cents francs, pour la valeur du trousseau qui lui est fourni.

La pension, qui est de mille francs pour une élève aux frais de sa famille, se paye par trimestre et d'avance, à la caisse de la Légion d'honneur, et si, dans les quinze jours du trimestre qui s'ouvre, le payement n'est pas effectué, l'élève est rendue à ses parents.

PIÈCES A FOURNIR

Pour les élèves gratuites.

Les parents doivent joindre à leur demande, adressée au Grand Chancelier :
1° Les états de services du père ;

2° Une copie authentique de son titre de nomination comme membre de l'Ordre de la Légion d'honneur, ou, à défaut de ce titre, une pièce régulière pouvant en tenir lieu ;

3° L'acte de naissance de la demoiselle, dûment légalisé ;

4° Son extrait de baptême, légalisé par l'autorité diocésaine ;

5° Un certificat de médecin, légalisé, constatant qu'elle a eu la petite vérole, ou qu'elle a été vaccinée, et qu'elle n'est point affectée de maladies chroniques ou contagieuses : ce certificat doit énoncer, en outre, si l'enfant a eu la rougeole, si elle est exempte de toute infirmité.

Avant l'entrée de l'élève, les parents doivent remettre l'engagement d'une personne, ayant son domicile à Paris, qui s'oblige à la recevoir à sa sortie définitive, ou pour quelque autre motif que ce soit.

Pour les élèves aux frais des familles.

Les parents doivent joindre à leur demande, adressée au Grand Chancelier :

1° Une copie authentique du titre de nomination, comme membre de l'Ordre de la Légion d'honneur, du parent qui donne à l'enfant le droit d'être admise comme élève pensionnaire ;

2° L'acte de naissance de la demoiselle dûment légalisé ;

3° Son extrait de baptême, légalisé par l'autorité diocésaine ;

4° Le même certificat de médecin que pour les élèves gratuites.

Avant l'entrée de l'élève, les parents remettent l'engagement, sur papier timbré, d'une personne, ayant son domicile à Paris, qui s'oblige à payer la pension de mille francs, et à recevoir l'élève à sa sortie définitive, ou pour quelque autre motif que ce soit.

SURINTENDANTE :

Mme la Baronne DAUMESNIL.

DIGNITAIRES :

Mmes LEGUERNEY, *Inspectrice ;*
GIGUN, *Directrice des études ;*
GAUTHERIN, *Économe, remplissant les fonctions de trésorière ;*
BEVALET, *Dépositaire de la lingerie ;*
DELORT, *Dépositaire de la roberie ;*
DE CIONY, *Directrice des novices ;*
GOUT, *Directrice des infirmeries.*

DAMES ET PROFESSEURS EXTERNES :

M. GUERIN (Paulin), *Directeur du dessin et de la peinture,* ✳ ;
Mme MOREAU, *Directrice de la musique instrumentale ;*
M. MASSIMINO, *Directeur de la musique vocale,* ✳ ;
Mme MARTIN, *Maîtresse de danse.*

CHAPELLE DE LA MAISON :

L'abbé GUESNIER, 1er *Aumônier ;*
L'abbé DAGUENET, 2e *Aumônier ;*
L'abbé CHENEVRIER, 3e *Aumônier.*

SERVICE DE SANTÉ :

MM. Longet, *Médecin de l'Empereur*, O. ✻ ;
Lehelloco, *Médecin adjoint ;*
Louvel, *Chirurgien résidant,* ✻ ;
Moreau, *Chirurgien auxiliaire ;*
Sichel, *Médecin et chirurgien oculiste,* O. ✻ ;
Nonat, *Chirurgien dentiste.*

MÉDECINS CONSULTANTS :

MM. Sedillot, *Docteur en médecine,* ✻ ;
Michel, *Ancien médecin en chef de l'Hôpital militaire du Gros-
Caillou,* O. ✻ ;
Andral, O. ✻ ;
Blache, *Médecin de l'Hôpital des Enfants,* O. ✻ ;
Louis, *Médecin de l'Hôtel-Dieu,* O. ✻ ;
Mélier, *Docteur en médecine,* ✻ ;
Berton (Adolphe), *Docteur en médecine,* ✻ ;
Bouchardat, *Professeur à l'Ecole de médecine,* ✻.

CHIRURGIENS CONSULTANTS :

MM. Roux, *Professeur à la Faculté de médecine,* O. ✻ ;
Velpeau, *Professeur à la Faculté de médecine,* O. ✻ ;
Jobert de Lamballe, *Chirurgien consultant de l'Empereur et de
l'Hôtel-Dieu,* C. ✻ ;
Baron Larrey, *Chirurgien de l'Empereur,* O. ✻ ;
Martin (Ferdinand), *Chirurgien orthopédiste,* ✻.

MAISONS IMPÉRIALES D'ÉCOUEN ET DES LOGES.

Ces maisons sont établies pour 400 élèves gratuites, filles de membres de
la Légion d'honneur. Elles sont desservies par les dames religieuses de la
congrégation de la Mère de Dieu.

La première maison est placée au château d'Écouen et la seconde dans la
maison des Loges, forêt de Saint-Germain.

Les élèves sont reçues, dans ces établissements, de neuf à douze ans ;
elles doivent savoir lire et écrire, et elles sortent définitivement à dix-
huit ans, ou plus tôt, si les parents désirent les retirer.

Les places sont accordées par rang d'âge, en commençant par les
demoiselles qui sont le plus près d'atteindre l'âge de douze ans.

Chaque famille ne peut obtenir qu'une place gratuite.

Les trousseaux sont fournis gratuitement aux élèves au moment de leur
entrée.

PIÈCES A FOURNIR.

Les parents doivent joindre à leur demande adressée au **Grand Chancelier** :
1° Les états de services du père ;
2° Une copie authentique de son titre de nomination comme membre de l'Ordre de la Légion d'honneur, ou, à défaut de ce titre, une pièce pouvant en tenir lieu ;
3° L'acte de naissance de la demoiselle, dûment légalisé ;
4° Son extrait de baptême, légalisé par l'autorité diocésaine ;
5° Un certificat de médecin, légalisé, constatant qu'elle a eu la petite vérole ou qu'elle a été vaccinée, et qu'elle n'est point affectée de maladies chroniques ou contagieuses : ce certificat doit énoncer, en outre, si l'enfant a eu la rougeole, et si elle est exempte de toute infirmité.

Avant l'entrée de l'élève, les parents remettent l'engagement d'une personne, ayant son domicile à Paris, qui s'oblige à la recevoir à sa sortie définitive, ou pour quelque autre motif que ce soit.

SUPÉRIEURE GÉNÉRALE DE LA CONGRÉGATION :

Mme DAUSSY.

LÉGION D'HONNEUR.

Loi du 29 floréal an 10, portant création d'une Légion d'honneur.

AU NOM DU PEUPLE FRANÇAIS,

BONAPARTE, premier consul, *proclame* loi de la République le décret suivant, rendu par le Corps législatif, le 29 floréal an 10, conformément à la proposition faite par le Gouvernement, le 25 dudit mois, communiquée au Tribunat le 27 suivant.

Décret.

TITRE Ier,

Création et organisation de la Légion d'honneur.

ART. 1er.

En exécution de l'article 87 de la Constitution, concernant les récompenses militaires, et pour récompenser aussi les services et les vertus civils, il sera formé une Légion d'honneur.

ART. 2.

Cette Légion sera composée d'un grand conseil d'administration et de quinze cohortes, dont chacune aura son chef-lieu particulier.

ART. 3.

Il sera affecté à chaque cohorte des biens nationaux portant deux cent mille francs de rente.

Art. 4.

Le grand conseil d'administration sera composé de sept grands officiers, savoir : des trois consuls et de quatre autres membres, dont un sera nommé entre les Sénateurs, par le Sénat ; un autre entre les membres du Corps législatif, par le Corps législatif ; un autre entre les membres du Tribunat, par le Tribunat ; et un, enfin, entre les conseillers d'Etat, par le Conseil d'Etat. Les membres du grand conseil d'administration conserveront, pendant leur vie, le titre de grand officier, lors même qu'ils seraient remplacés par l'effet de nouvelles élections.

Art. 5.

Le premier consul est, de droit, chef de la Légion, et président du grand conseil d'administration.

Art. 6.

Chaque cohorte sera composée :
De sept grands officiers,
De vingt commandants,
De trente officiers,
Et de trois cent cinquante légionnaires.
Les membres de la Légion sont à vie.

Art. 7.

Il sera affecté à chaque grand officier, cinq mille francs ;
A chaque commandant, deux mille francs ;
A chaque officier, mille francs ;
Et à chaque légionnaire, deux cent cinquante francs.
Ces traitements sont pris sur les biens affectés à chaque cohorte.

Art. 8.

Chaque individu admis dans la Légion jurera, sur son honneur, de se dévouer au service de l'Empire, à la conservation de son territoire dans son intégrité, à la défense de l'Empereur, des lois de la République et des propriétés qu'elles ont consacrées ; de combattre, par tous les moyens que la justice, la raison et les lois autorisent, toute entreprise tendante à rétablir le régime féodal, à reproduire les titres et les qualités qui en étaient l'attribut ; enfin, de concourir de tout son pouvoir au maintien de la liberté et de l'égalité.

Art. 9.

Il sera établi dans chaque chef-lieu de cohorte un hospice et des logements pour recueillir, soit les membres de la Légion que leur vieillesse, leurs infirmités ou leurs blessures auraient mis dans l'impossibilité de servir l'Etat, soit les militaires qui, après avoir été blessés dans la guerre de la liberté, se trouveraient dans le besoin.

TITRE II.

Composition.

Art. 1er.

Sont membres de la Légion tous les militaires qui ont reçu des armes d'honneur.

Pourront y être nommés les militaires qui ont rendu des services majeurs à l'Etat dans la guerre de la liberté.

Les citoyens qui, par leur savoir, leurs talents, leurs vertus, ont contribué à établir ou à défendre les principes de la République, ou fait aimer et respecter la justice ou l'administration publique.

Art. 2.

Le grand conseil d'administration nommera les membres de la Légion.

Art. 3.

Durant les dix années de paix qui pourront suivre la première formation, les places qui viendront à vaquer demeureront vacantes jusqu'à concurrence du dixième de la Légion, et, par la suite, jusqu'à concurrence du cinquième. Ces places ne seront remplies qu'à la fin de la première campagne.

Art. 4.

En temps de guerre, il ne sera nommé aux places vacantes qu'à la fin de chaque campagne.

Art. 5.

En temps de guerre, les actions d'éclat feront titre pour tous les grades.

Art. 6.

En temps de paix, il faudra avoir vingt-cinq années de service militaire pour pouvoir être nommé membre de la Légion ; les années de service en temps de guerre compteront double, et chaque campagne de la guerre dernière comptera pour quatre années.

Art. 7.

Les grands services rendus à l'Etat dans les fonctions législatives, la diplomatie, l'administration, la justice ou les sciences, seront aussi des titres d'admission, pourvu que la personne qui les aura rendus ait fait partie de la garde nationale du lieu de son domicile.

Art. 8.

La première organisation faite, nul ne sera admis dans la Légion qu'il n'ait exercé pendant vingt-cinq ans ses fonctions avec la distinction requise.

Art. 9.

La première organisation faite, nul ne pourra parvenir à un grade supérieur qu'après avoir passé par le plus simple grade.

Art. 10.

Les détails de l'organisation seront déterminés par des règlements d'administration publique*: elle devra être faite au 1ᵉʳ vendémiaire an 12, et, passé ce temps, il ne pourra y être rien changé que par des lois.

Collationné à l'original par nous président et secrétaires du Corps législatif.

Fait à Paris, le 29 floréal an 10 de la République française.

> *Signé* RABAUT le jeune, *président*; THIRY, TUPINIER, BERGER, RICAL, *secrétaires.*

Soit la présente loi revêtue du sceau de l'Etat, insérée au *Bulletin des lois*, inscrite dans les registres des autorités judiciaires et administratives, et le Ministre de la justice chargé d'en surveiller la publication.

A Paris, le 9 floréal an 10 de la République.

> *Signé* BONAPARTE, premier Consul.

Contre-signé, *le Secrétaire d'Etat*, B. A. MARET. Et scellé du sceau de l'Etat.

> Vu, *le Ministre de la justice*, signé ABRIAL.

Décret organique de la Légion d'honneur.

(16 mars 1852.)

LOUIS-NAPOLÉON, PRÉSIDENT DE LA RÉPUBLIQUE,

Vu l'ordonnance du 26 mars 1816 et les décrets des 24 mars 1851, 22 janvier 1852, 25 janvier 1852, 29 février 1852 ;

Considérant que l'ordonnance précitée n'a pas été abrogée, bien qu'elle soit en partie tombée en désuétude ;

Qu'il est nécessaire de réunir dans un seul décret organique les Statuts de la Légion d'honneur, afin de coordonner l'ordonnance de 1816 avec les lois et décrets subséquents ;

Sur la proposition du maréchal Grand Chancelier de la Légion d'honneur,

Décrète :

TITRE Ier.

Organisation et composition de l'Ordre.

Art. 1er.

La Légion d'honneur est instituée pour récompenser les services civils et militaires.

Art. 2.

Le Président de la République est chef souverain et Grand Maître de l'Ordre.

Art. 3.

La Légion d'honneur est composée de chevaliers, d'officiers, de commandeurs, de grands officiers et de grands-croix.

Art. 4.

Les membres de l'Ordre sont à vie.

Art. 5.

Le nombre des chevaliers n'est pas limité ; néanmoins, comme ce nombre est aujourd'hui trop considérable, il ne sera fait dans le civil qu'une promotion sur deux extinctions jusqu'en 1856.

Le nombre des officiers est fixé à 4,000 ; celui des commandeurs à 1,000 ; celui des grands-officiers à 200 ; celui des grands-croix à 80.

Art. 6.

Le nombre des grands officiers, commandeurs et officiers dépassant les limites fixées, il ne sera fait dans ces divers grades, tant au civil qu'au militaire, qu'une nomination ou promotion sur deux vacances, jusqu'à ce que l'on soit rentré dans le cadre.

Art. 7.

Les étrangers seront admis et non reçus ; ils ne prêtent aucun serment et ne figurent pas dans le cadre fixé.

TITRE II.

Forme de la décoration et manière de la porter.

Art. 8.

La décoration de la Légion d'honneur est, comme sous l'Empire, une étoile à cinq rayons doubles surmontée d'une couronne.

Le centre de l'étoile, entouré de branches de chêne et de laurier, présente d'un côté l'effigie de Napoléon avec cet exergue : *Napoléon, Empereur des Français*, et de l'autre côté, l'aigle avec la devise : *Honneur et Patrie*.

Art. 9.

L'étoile, émaillée de blanc, est en argent pour les chevaliers et en or pour les officiers, commandeurs, grands officiers et croix.

Le diamètre est de 40 millimètres pour les chevaliers et officiers, et de 60 pour les commandeurs.

Art. 10.

Les chevaliers portent la décoration attachée par un ruban moiré rouge, sans rosette, sur le côté gauche de la poitrine.

Les officiers la portent à la même place et avec le même ruban, mais avec une rosette.

Les commandeurs portent la décoration en sautoir, attachée par un ruban moiré rouge plus large que celui des officiers et chevaliers.

Les grands officiers portent sur le côté droit de la poitrine une plaque ou étoile à cinq rayons doubles diamantée tout argent, du diamètre de 90 millimètres ; le centre représente l'aigle avec l'exergue : *Honneur et Patrie* ; ils portent, en outre, la croix d'officier.

Les grands-croix portent un large ruban moiré rouge, en écharpe, passant sur l'épaule droite, et au bas duquel est attachée une croix semblable à celle des commandeurs, mais ayant 70 millimètres de diamètre. De plus, ils portent sur le côté gauche de la poitrine une plaque semblable à celle des grands officiers.

TITRE III.

Admission et avancement dans l'Ordre.

Art. 11.

En temps de paix, pour être admis dans la Légion d'honneur, il faut avoir exercé pendant vingt ans, avec distinction, des fonctions civiles ou militaires.

Art. 12.

Nul ne peut être admis dans la Légion d'honneur qu'avec le premier grade de chevalier.

Art. 13.

Pour être nommé à un grade supérieur, il est indispensable d'avoir passé dans le grade inférieur, savoir :

1° Pour le grade d'officier, quatre ans dans celui de chevalier ;

2° Pour le grade de commandeur, deux ans dans celui d'officier ;

3° Pour le grade de grand officier, trois ans dans celui de commandeur ;

4° Pour le grade de grand-croix, cinq ans dans celui de grand officier.

Art. 14.

Chaque campagne est comptée double aux militaires dans l'évaluation des années exigées par les articles 11 et 13, mais on ne peut jamais compter qu'une campagne par année, sauf les cas d'exception qui doivent être déterminés par un décret spécial.

Art. 15.

En temps de guerre, les actions d'éclat et les blessures graves peuvent dispenser des conditions exigées par les articles 11 et 13 pour l'admission ou l'avancement dans la Légion d'honneur.

Art. 16.

En temps de paix comme en temps de guerre, les services extraordinaires dans les fonctions civiles ou militaires, les sciences et les arts, peuvent également dispenser de ces conditions, mais sous la réserve expresse de ne franchir aucun grade.

Art. 17.

Pour donner lieu aux dispenses mentionnées dans les articles précédents, les actions d'éclat, blessures ou services extraordinaires doivent être dûment constatés.

Les propositions devront expliquer avec détail le fait pour lequel on demande la décoration ; elles seront transmises, par la voie hiérarchique, au ministre compétent, qui les présentera au Chef de l'Etat.

Art. 18.

Sauf les cas extraordinaires mentionnés aux précédents articles, il n'y aura de nominations et promotions dans l'Ordre qu'au 1ᵉʳ janvier et au 15 août.

Art. 19.

Dans le mois qui précède chacune de ces époques, le Grand Chancelier arrêtera, en conseil de l'Ordre, le tableau des vacances, conformément à l'article 6, et prendra les ordres du chef de l'Etat pour la répartition à faire entre les différents ministères.

Art. 20.

Sur l'avis que le Grand Chancelier leur donnera, les ministres lui adresseront les listes des personnes qu'ils jugeront avoir mérité cette distinction.

Art. 21.

De la réunion de ces listes, le Grand Chancelier formera un corps de décrets qu'il soumettra à l'approbation du Chef de l'Etat.

2

Art. 22.

Les ministres, après chaque nomination ou promotion, expédient des lettres d'avis à toutes les personnes nommées dans leurs ministères.

Ces lettres d'avis leur prescrivent de se pourvoir auprès du Grand Chancelier pour obtenir l'autorisation nécessaire de se faire recevoir, d'être décoré et l'expédition du brevet.

Art. 23.

Toutes demandes de nomination ou de promotion qui seront adressées ou soumises au Président de la 'République, par quelque personne que ce soit autre que les ministres, seront renvoyées au Grand Chancelier, qui en fera le rapport et présentera des projets de décrets s'il y a lieu.

Art. 24.

A l'avenir, nul ne pourra porter la décoration du grade auquel il aura été nommé ou promu qu'après sa réception, à moins que cette décoration ne lui soit remise directement par le Chef de l'Etat.

TITRE IV.

Mode de réception des membres de l'Ordre et du serment.

Art. 25.

Les grands-croix et les grands officiers prêtent serment entre les mains du Chef de l'État et reçoivent de lui leur décoration.

Art. 26.

En cas d'empêchement, le Grand Chancelier ou un grand fonctionnaire du même rang dans l'Ordre sera délégué pour recevoir le serment et procéder aux réceptions. Dans l'un et l'autre cas, le Grand Chancelier prendra les ordres du Chef de l'État.

Art. 27.

Le Grand Chancelier désigne, pour procéder aux réceptions des chevaliers, officiers et commandeurs, un membre de l'Ordre, d'un grade au moins égal à celui du récipiendaire.

Art. 28.

Les militaires de tout grade et de toutes armes de terre et de mer, les membres des administrations qui en dépendent, seront reçus à la parade.

Art. 29.

Le récipiendaire prête le serment ci-après :

« Je jure fidélité au Président de la République, à l'honneur et à la patrie ;

« je jure de me consacrer tout entier au bien de l'État, et de remplir les
« devoirs d'un brave et loyal chevalier de la Légion d'honneur. »

ART. 30.

L'officier chargé de la réception d'un militaire, après avoir reçu son
serment, le frappe du plat de l'épée sur chaque épaule, et, en lui remet-
tant son brevet ainsi que sa décoration, au nom du Président de la République, lui donne l'accolade.

ART. 31.

Il ne pourra être porté cumulativement avec l'Ordre de la Légion d'honneur aucun Ordre étranger, sans l'autorisation du Chef de l'Etat, transmise
par le Grand Chancelier.

ART. 32.

Il est adressé au Grand Chancelier un procès-verbal de chaque réception ; des règlements particuliers déterminent les modèles de procès-ver-
baux de réception.

TITRE V.

Pensions, brevets et prérogatives.

ART. 33.

Tous les officiers, sous-officiers et soldats de terre et de mer en activité
de service, nommés ou promus dans l'Ordre de la Légion d'honneur, postérieurement au décret du 22 janvier 1852, recevront, selon leur grade
dans la Légion, l'allocation annuelle suivante :

Les légionnaires	250 fr.
Les officiers	500
Les commandeurs	1,000
Les grands officiers	2,000
Les grands-croix	3,000

La valeur des décorations sera imputée sur la première annuité.

ART. 34.

Les mêmes pensions sont accordées à tous les officiers de terre et de
mer, membres de la Légion d'honneur, mis en retraite après le 22 janvier 1852.

ART. 35.

Des brevets, revêtus de la signature du Président de la République et
contre-signés du Grand Chancelier, seront délivrés à tous les membres de
la Légion d'honneur nommés ou promus à l'avenir.

Art. 36.

On porte les armes aux officiers et chevaliers, on les présente aux grands-croix, aux grands officiers et aux commandeurs.

Art. 37.

Les grands-croix et les grands officiers |recevront les mêmes honneurs funèbres et militaires que les généraux de division et les généraux de brigade non employés, et s'ils sont officiers généraux, ils seront considérés comme morts dans l'exercice de leur commandement.

Les commandeurs sont assimilés aux colonels ;
Les officiers aux chefs de bataillon ;
Les chevaliers aux lieutenants.

Dans l'ordre civil, les honneurs funèbres et militaires seront rendus par la garde nationale aux commandeurs, officiers et chevaliers.

TITRE VI.

Discipline des membres de l'Ordre.

Art. 38.

La qualité de membre de la Légion d'honneur se perd par les mêmes causes que celles qui font perdre la qualité de citoyen français.

Art. 39.

L'exercice des droits et des prérogatives des membres de la Légion d'honneur est suspendu par la même cause que celles qui suspendent les droits de citoyen français.

Art. 40.

Les ministres de la justice, de la guerre et de la marine, transmettent au Grand Chancelier des copies de tous les jugements en matière criminelle, correctionnelle et de police relatifs à des membres de l'Ordre.

Art. 41.

Toutes les fois qu'il y aura eu recours en cassation contre un jugement rendu en matière criminelle, correctionnelle ou de police, relatif à un légionnaire, le procureur général auprès de la cour de cassation en rend compte sans délai au ministre de la justice, qui en donne avis au Grand Chancelier de la Légion d'honneur.

Art. 42.

Les procureurs généraux auprès des cours d'appel et les rapporteurs auprès des conseils de guerre ne peuvent faire exécuter aucune peine infamante contre un membre de la Légion qu'il n'ait été dégradé.

Art. 43.

Pour cette dégradation, le président de la cour d'appel, sur le réquisitoire de l'avocat général, ou le président du conseil de guerre, sur le réquisitoire du rapporteur, prononce, immédiatement après la lecture du jugement, la formule suivante :

Vous avez manqué à l'honneur, je déclare, au nom de la Légion, que vous avez cessé d'en être membre.

Art. 44.

Les chefs militaires de terre et de mer rendent aux ministres de la guerre et de la marine un compte particulier de toutes les peines graves de discipline qui ont été infligées à des légionnaires sous leurs ordres.

Ces ministres transmettent des copies de ce compte au Grand Chancelier.

Art. 45.

La cassation d'un chevalier de la Légion, sous-officier en activité, et le renvoi d'un soldat ou d'un marin, chevalier de la Légion, ne peuvent avoir lieu que d'après l'autorisation des ministres de la guerre et de la marine. Ces ministres ne peuvent donner cette autorisation qu'après en avoir informé le Grand Chancelier, qui prendra les ordres du Président de la République.

Art. 46.

Le Chef de l'Etat peut suspendre en tout ou en partie l'exercice des droits et prérogatives, ainsi que le traitement attaché à la qualité de membre de la Légion d'honneur, et même exclure de la Légion, lorsque la nature du délit et la gravité de la peine prononcée correctionnellement paraissent rendre cette mesure nécessaire.

TITRE VII.

Administration de l'Ordre.

Art. 47.

L'administration de l'Ordre est confiée à un Grand Chancelier, qui travaille directement avec le Chef de l'Etat ; il entre au conseil des ministres toutes les fois que le Président juge convenable de l'y appeler pour discuter les intérêts de l'Ordre.

Art. 48.

Un secrétaire général nommé par le Président de la République est attaché à la Grande Chancellerie ; il a la signature en cas d'absence ou de maladie du Grand Chancelier, et le représente.

Art. 49.

Le Grand Chancelier est dépositaire du sceau de l'Ordre.

Art. 50.

Tous les Ordres étrangers sont dans les attributions du Grand Chancelier de la Légion d'honneur.

Art. 51.

Les décrets relatifs à la Légion d'honneur sont contre-signés par le ministre d'Etat, et visés par le Grand Chancelier pour leur exécution.

Art. 52.

Le Grand Chancelier présente au Chef de l'Etat :

1° Les rapports, projets de décrets, règlements et décisions concernant la Légion d'honneur et les Ordres étrangers ;

2° Les candidats présentés par les ministres, par d'autres personnes ou par lui, pour les nominations ou promotions ;

3° Il prend ses ordres à l'égard des Ordres étrangers conférés à des Français ;

4° Il transmet l'autorisation de les porter ;

5° Il soumet à l'approbation du Chef de l'Etat le travail relatif aux gratifications extraordinaires des membres de l'Ordre, ainsi qu'à l'admission et à la révocation des élèves pensionnaires et gratuites dans les maisons d'éducation de l'Ordre ;

6° Il dirige et surveille toutes les parties de l'administration de l'Ordre, ses établissements, la perception des revenus, les payements et dépenses ;

7° Il présente annuellement les projets de budget, préside les assemblées de canaux, etc.

Art. 53.

La cour des comptes est chargée de l'apurement et règlement des comptes et dépenses annuels de la Légion d'honneur.

Art. 54.

Un Conseil de l'Ordre est établi près du Grand Chancelier, qui le réunit tous les mois.

Le Conseil de l'Ordre se compose comme suit :

Le Grand Chancelier, président ;

Le Secrétaire général, vice-président ;

Dix membres de l'Ordre ;

Plus, un secrétaire à la nomination du Grand Chancelier, et aux appointements de 6,000 francs (1).

Art. 55.

Les membres du Conseil sont nommés par le Président de la République.

Le Conseil sera renouvelé par moitié tous les deux ans.

Les membres sortants pourront être renommés.

Lors du premier renouvellement, les membres sortants seront désignés par le sort.

Art. 56.

Le Grand Chancelier et le Conseil veilleront à l'observation des statuts et règlements de l'Ordre et des établissements qui en dépendent.

---

(1) Le traitement du secrétaire du Conseil de l'Ordre a été supprimé par décret en date du 14 mars 1833.

Le Conseil donnera son avis :

1° Sur la répartition des nominations et promotions dans la Légion d'honneur entre les divers ministères et la Grande Chancellerie ;

2° Sur l'établissement du budget de la Légion d'honneur et sa répartition entre les diverses branches du service de la Grande Chancellerie ;

3° Sur le règlement des comptes de recettes et dépenses de ces services ;

4° Sur les mesures de discipline à prendre envers les membres de l'Ordre ;

5° Sur toutes les questions pour lesquelles le Grand Chancelier jugera utile de provoquer son avis.

Art. 57.

Il sera publié tous les ans, par les soins et sous la direction de la Grande Chancellerie, un annuaire de l'Ordre de la Légion d'honneur.

Art. 58.

Toutes les dispositions antérieures, contraires à celles du présent décret, sont abrogées.

Art. 59.

Les ministres et le Grand Chancelier de la Légion d'honneur sont chargés, chacun en ce qui le concerne, de l'exécution du présent décret.

Fait au palais des Tuileries, le 16 mars 1852.

LOUIS-NAPOLÉON.

Vu :

Le Grand Chancelier de la Légion d'honneur,

M^{al} EXCELMANS.

Par le Prince Président :

Le Ministre d'Etat,

X. DE CASABIANCA.

Ordonnance du roi, du 28 novembre 1831, qui nomme dans l'ordre royal de la Légion d'honneur, aux grades qui leur avaient été conférés du 20 mars au 7 juillet 1815, les personnes désignées en l'état y annexé.

LOUIS-PHILIPPE, ROI DES FRANÇAIS,

A tous, présents et à venir, salut.

Sur le rapport de notre président du conseil, ministre secrétaire d'Eta au département de l'intérieur,

Nous avons ordonné et ordonnons ce qui suit :

Art. 1er.

Sont nommées dans l'Ordre royal de la Légion d'honneur, pour prendre rang à la date de ce jour, aux grades qui leur avaient été conférés dans ledit

Ordre, du 20 mars 1815 au 7 juillet de la même année inclusivement, par décrets ou arrêtés du Gouvernement, enregistrés à la grande chancellerie, les personnes dénommées en l'état annexé à la présente ordonnance,

Art. 2.

Chacun des titulaires desdites nominations devra produire :
1° La lettre d'avis de sa nomination ou promotion ;
2° Son acte de naissance ;
3° L'état de ses services ;
4° Un acte de notoriété établissant son identité avec la personne dénommée audit état.

Dans le cas où la production de l'une de ces pièces serait impossible, il y sera suppléé par telles autres que notre Grand Chancelier déterminera.

Art. 3.

Notre président du conseil, ministre secrétaire d'Etat au département de l'intérieur et notre Grand Chancelier de l'Ordre, sont chargés de l'exécution de la présente ordonnance.

Fait au palais des Tuileries, le 28 novembre 1831.

Signé LOUIS-PHILIPPE.

Loi du 19 avril 1833 qui accorde un traitement aux membres de la Légion d'honneur nommés par ordonnance du 28 novembre 1831, qui, aux dates désignées dans l'état annexé à cette ordonnance, étaient sous-officiers ou soldats en activité de service.

LOUIS-PHILIPPE, ROI DES FRANÇAIS,

A tous, présents et à venir, salut.

Les Chambres ont adopté, nous avons ordonné et ordonnons ce qui suit :

Art. 1er.

Les membres de l'Ordre royal de la Légion d'honneur, nommés par ordonnance du 28 novembre 1831, qui, aux dates désignées pour chacun d'eux dans l'état annexé à ladite ordonnance, étaient sous-officiers ou soldats en activité de service dans les armées de terre ou de mer, et qui auront reçu leurs brevets après avoir satisfait aux formalités prescrites par l'article 2 de la même ordonnance, recevront, à compter du 1er janvier 1832, le traitement annuel de deux cent cinquante francs.

Art. 2.

Il sera pourvu à cette dépense au moyen d'un prélèvement sur les fonds qui deviendront libres par l'effet des extinctions dans les différents grades de l'Ordre, à compter du 1er janvier 1832.

Il est dérogé, à cet effet, à la disposition contenue en l'article 6 de la loi du 6 juillet 1820, laquelle, après ledit prélèvement, reprendra son cours d'exécution.

La présente loi, discutée, délibérée et adoptée par la Chambre des Pairs et par celle des Députés, et sanctionnée par nous cejourd'hui, sera exécutée comme loi de l'Etat.

Donnons en mandement à nos Cours et Tribunaux, préfets, corps administratifs, et tous autres, que les présentes ils gardent et maintiennent, fassent garder, observer et maintenir, et, pour les rendre plus notoires à tous, ils les fassent publier et enregistrer partout où besoin sera ; et afin que ce soit chose ferme et stable à toujours, nous y avons fait mettre notre sceau.

Fait au palais des Tuileries, le 19e jour du mois d'avril, l'an 1832.

Signé LOUIS-PHILIPPE.

Loi, du 16 juin 1837, relative aux sous-officiers et soldats amputés, nommés membres de la Légion d'honneur depuis leur admission à la retraite.

LOUIS-PHILIPPE, ROI DES FRANÇAIS,

A tous présents et à venir, salut.

Les Chambres ont adopté, nous avons ordonné et ordonnons ce qui suit :

ARTICLE UNIQUE.

A compter du 1er janvier 1837, les sous-officiers et soldats des armées de terre et de mer, amputés par suite de leurs blessures, qui auront été nommés membres de la Légion d'honneur postérieurement à l'ordonnance du 19 juillet 1814, et depuis leur admission à la retraite, auront droit au traitement de la Légion.

Ce traitement sera prélevé sur les fonds qui deviendront libres par l'effet des extinctions.

La présente loi, discutée, délibérée et adoptée par la Chambre des pairs et par celle des députés, et sanctionnée par nous cejourd'hui, sera exécutée comme loi de l'Etat.

Donnons en mandement à nos Cours et Tribunaux, préfets, corps administratifs, et tous autres, que les présentes ils gardent et maintiennent, fassent garder, observer et maintenir, et, pour les rendre plus notoires à tous, ils les fassent publier et enregistrer partout où besoin sera ; et, afin que ce soit chose ferme et stable à toujours, nous y avons fait mettre notre sceau.

Fait au palais des Tuileries, le 16 juin 1837.

Signé LOUIS-PHILIPPE.

Par le roi :

Le Pair de France, ministre secrétaire d'Etat de la guerre,

Signé BERNARD.

Vu et scellé du grand sceau :

Le garde des sceaux de France, ministre secrétaire d'Etat au département de la justice et des cultes,

Signé BARTHE.

Loi du 21 juin 1845, relative à l'emploi des excédants de recette du budget de l'Ordre royal de la Légion d'honneur.

LOUIS-PHILIPPE, ROI DES FRANÇAIS,

A tous présents et à venir, salut.

Nous avons proposé, les Chambres ont adopté,
Nous avons ordonné et ordonnons ce qui suit :

ART. 1er.

A compter du 1er janvier 1846, il sera payé, comme supplément au traitement de la Légion d'honneur, une somme annuelle et viagère de 100 fr. aux membres de l'Ordre du grade de légionnaire, ayant reçu ce grade avant le 6 avril 1814.

ART. 2.

Les chevaliers de la Légion d'honneur amputés par suite de blessures reçues à l'armée avant le 6 avril 1814, nommés dans l'Ordre postérieurement à cette époque, et jouissant du traitement de 250 fr. en vertu des lois des 6 juillet 1820 et 16 juin 1837, recevront le traitement de 100 fr. indiqué à l'article 1er.

ART. 3.

A compter de la même époque, les sous-officiers et soldats nommés légionnaires par décrets du 27 février 1815 au 19 mars suivant, étant, aux dates de ces décrets, en activité de service dans les armées de terre et de mer, et qui ont été ou qui seront admis dans la Légion d'honneur par ordonnances royales, recevront le traitement annuel de 250 fr.

ART. 4.

Il sera pourvu aux dépenses ordonnées par les précédents articles au moyen des excédants disponibles qui, chaque année, à compter de 1846, pourront ressortir des recettes et dépenses de la Légion d'honneur, et subsidiairement, tant que les excédants disponibles seront insuffisants, au moyen des avances qui pourront être faites à la Légion d'honneur par la caisse des dépôts et consignations.

ART. 5.

Lorsque les excédants disponibles seront devenus supérieurs à la dépense, le surplus servira à rembourser successivement à la caisse des dépôts et consignations les avances qu'elle aura faites.

ART. 6.

Le taux des intérêts, dont la Légion d'honneur devra tenir compte à la caisse des dépôts et consignations, ne pourra excéder 4 1/2 p. 100.

Il sera statué par ordonnances royales, d'année en année, sur la quotité des avances à faire et sur celle des sommes à rembourser en exécution des articles 4 et 5.

Art. 7.

Le supplément de traitement accordé par la présente loi est incessible et insaisissable.

Art. 8.

Il sera présenté chaque année aux Chambres un compte spécial de l'exécution de la présente loi.

La présente loi, discutée, délibérée et adoptée par la Chambre des pairs et par celle des députés, et sanctionnée par nous cejourd'hui, sera exécutée comme loi de l'Etat.

Donnons en mandement à nos Cours et Tribunaux, préfets, corps administratifs et tous autres, que les présentes ils gardent et maintiennent, fassent garder, observer et maintenir, et, pour les rendre plus notoires à tous, ils les fassent publier et enregistrer partout où besoin sera ; et, afin que ce soit chose ferme et stable à toujours, nous y avons fait mettre notre sceau.

Fait au palais de Neuilly, le 21ᵉ jour du mois de juin 1845.

Signé LOUIS-PHILIPPE.

Par le Roi :

Le garde des sceaux, ministre secrétaire d'Etat au département de la justice et des cultes,

Signé N. MARTIN (du Nord).

Vu et scellé du grand sceau :

Le garde des sceaux de France, ministre secrétaire d'Etat au département de la justice et des cultes,

Signé N. MARTIN (du Nord).

Extrait du décret en date du 22 janvier 1852, qui restitue au domaine de l'Etat les biens meubles et immeubles qui sont l'objet de la donation faite, le 7 août 1830, par le roi Louis-Philippe.

Fixation des traitements des membres de la Légion d'honneur nommés ou promus dans l'ordre à partir du 22 janvier 1852.

LOUIS-NAPOLÉON, Président de la République,

Décrète :

Art. 1ᵉʳ.

. . . .

Art. 10.

Tous les officiers, sous-officiers et soldats de terre et de mer en activité de service, qui seront à l'avenir nommés ou promus dans l'Ordre national de la Légion d'honneur, recevront, selon leur grade dans la Légion, l'allocation annuelle suivante :

Les légionnaires (comme par le passé)...	250
Les officiers.........................	500
Les commandeurs.....................	1,000
Les grands officiers...................	2,000
Les grands-croix.....................	3,000

Fait au palais des Tuileries, le 22 janvier 1852.

Signé LOUIS-NAPOLÉON.

Par le Président :

Le Ministre d'Etat,
Signé X. DE CASABIANCA.

Décret portant que l'article 10 de celui du 22 janvier 1852, relatif aux traitements de la Légion d'honneur, est applicable à tous les officiers des armées de terre et de mer qui seront admis à la retraite à dater de cette époque.

LOUIS-NAPOLÉON, PRÉSIDENT DE LA RÉPUBLIQUE,

Considérant que l'article 10 du décret du 22 janvier 1852, tout en ayant pour but d'augmenter l'importance de l'Ordre de la Légion d'honneur, n'a pu statuer que pour l'avenir, parce que le fonds supplémentaire de la dotation serait insuffisant pour tous les décorés actuels ;

Que, néanmoins, il est juste d'en étendre les dispositions aux officiers qui ont rendu d'éminents services,

Décrète :

ART. 1er.

L'article 10 du décret du 22 janvier 1852 est applicable à tous les officiers de terre et de mer qui seront admis à la retraite à dater de cette époque.

ART. 2.

Le ministre de la guerre est chargé de l'exécution du présent décret.

Fait au Palais des Tuileries, le 25 janvier 1852.

Signé LOUIS-NAPOLÉON.

Le Ministre de la guerre,
Signé A. DE SAINT-ARNAUD.

Décret impérial portant que les dispositions de celui du 22 janvier 1852 (art. 10) et de celui du même mois, relatives au traitement de la Légion d'honneur, ne sont pas applicables aux officiers généraux des armées de terre et de mer qui sont passés ou qui passeront dans le cadre de réserve.

NAPOLÉON, par la grâce de Dieu et la volonté nationale, Empereur des Français,

A tous présents et à venir, salut.

Sur la proposition de notre Grand Chancelier de l'Ordre impérial de la Légion d'honneur ;

Vu les lois des 4 août 1839 et 17 juin 1841 ;

Vu les décrets des 22 et 25 janvier 1852 et le décret organique de la Légion d'honneur du 16 mars suivant ;

Vu également les décrets des 1er décembre 1852 et 29 janvier 1853 ;

Le conseil de l'Ordre entendu,

Avons décrété et décrétons ce qui suit :

Art. 1er.

Les dispositions du décret du 22 janvier 1852 (art. 10) et du décret du 25 du même mois, relatives au traitement de la Légion d'honneur, ne sont pas applicables aux officiers généraux des armées de terre et de mer qui sont passés ou qui passeront dans le cadre de réserve (2e section de l'Etat-Major général de l'armée).

Art. 2.

Notre Grand Chancelier de l'Ordre impérial de la Légion d'honneur est chargé de l'exécution du présent décret.

Fait au palais de Saint-Cloud. le 15 juillet 1853.

Signé NAPOLÉON.

Par l'Empereur :

Le Ministre d'Etat,

Signé ACHILLE FOULD.

Vu pour l'exécution,

Le Grand Chancelier de l'Ordre impérial de la Légion d'honneur,

Signé DUC DE PLAISANCE.

Décret impérial qui accorde un traitement aux officiers nommés ou promus dans l'ordre de la Légion d'honneur par l'Empereur Napoléon Ier, du 27 février au 7 juillet 1815.

NAPOLÉON, par la gràce de Dieu et la volonté nationale, Empereur des Français,

A tous, présents et à venir, salut.

Avons décrété et décrétons ce qui suit :

ART. 1er.

Les officiers nommés ou promus par l'Empereur Napoléon Ier dans l'Ordre de la Légion d'honneur, du 27 février au 7 juillet 1815, recevront, à partir du 1er janvier 1854, le traitement affecté à leur grade dans l'Ordre par les règlements en vigueur à l'époque de leur nomination.

ART. 2.

Notre Ministre d'Etat et le Grand Chancelier de notre Ordre impérial sont chargés, chacun en ce qui le concerne, de l'exécution du présent décret.

Fait au palais de Saint-Cloud, le 12 août 1853.

NAPOLÉON.

Par l'Empereur :

Le Ministre d'Etat,

ACHILLE FOULD.

Décret qui rétablit la forme de la décoration de la Légion d'honneur, telle qu'elle avait été adoptée par l'Empereur.

LOUIS-NAPOLÉON, Président de la République française ;

Sur la proposition du Grand Chancelier de la Légion d'honneur,

Décrète ce qui suit :

ART. 1er.

La forme de la décoration des membres de la Légion d'honneur est rétablie telle qu'elle avait été adoptée par l'Empereur.

. Art. 2.

Le Grand Chancelier de l'Ordre de la Légion d'honneur est chargé de l'exécution du présent décret.

Fait au Palais des Tuileries, le 31 janvier 1852.

Signé LOUIS-NAPOLÉON.

Par le Président :

Le Ministre d'Etat,

Signé X. DE CASABIANCA.

Décret relatif à la discipline des membres de la Légion d'honneur, des titulaires de la Médaille militaire et des décorés d'Ordres étrangers.

LOUIS-NAPOLÉON, PRÉSIDENT DE LA RÉPUBLIQUE FRANÇAISE,

Vu le titre 6 du décret du 16 mars 1852 et l'article 62 de l'ordonnance du 26 mars 1816, sur la discipline des membres de l'Ordre national de la Légion d'honneur;

Vu également les décrets des 22 janvier et 20 février 1852, portant institution de la Médaille militaire ;

Le Conseil de l'Ordre entendu ;

Sur la proposition du Grand-Chancelier de la Légion d'honneur ;

Considérant qu'il est nécessaire de déterminer le mode d'exécution de l'action disciplinaire établie par les dispositions ci-dessus visées et d'en étendre l'application à l'institution de la Médaille militaire,

Décrète :

Art. 1er.

Tout individu qui a perdu la qualité de Français est rayé des matricules de l'Ordre à la diligence du Grand Chancelier de la Légion d'honneur, le Conseil de l'Ordre préalablement entendu.

La même radiation a lieu, dans la même forme, sur le vu de tout jugement rendu contre un membre de l'Ordre, et portant condamnation à une peine afflictive ou infamante, ou emportant la dégradation militaire.

Art. 2.

Lorsqu'un membre de la Légion d'honneur est suspendu de ses droits de citoyen français, sur le vu de l'acte constatant cette suspension, le Grand Chancelier, après avoir pris l'avis du conseil de l'Ordre, fait opérer sur les matricules la mention que cet individu est suspendu de tous les droits et prérogatives attachés à la qualité de membre de l'Ordre, ainsi que du droit au traitement qui y est affecté.

Art. 3.

La condamnation à l'une des peines du boulet, des travaux publics et de l'emprisonnement, emporte la suspension des droits et prérogatives, ainsi que du traitement attachés à la qualité de membre de la Légion d'honneur, pendant la durée de la peine.

Art. 4.

L'envoi, par punition, dans une compagnie de discipline d'un militaire des armées de terre ou de mer, emporte la suspension des droits et prérogatives, ainsi que du traitement attachés à la qualité de membre de l'Ordre de la Légion d'honneur, pendant la durée de la punition.

Art. 5.

Sur le vu de tout jugement définitif portant condamnation contre un membre de la Légion d'honneur à l'une des peines mentionnées en l'article 3 du présent décret, le Grand Chancelier, après avoir pris l'avis du conseil de l'Ordre, peut proposer au Chef de l'Etat de suspendre le condamné, en tout ou en partie, des droits et prérogatives, ainsi que du traitement attachés à la qualité de membre de la Légion d'honneur, et même de l'exclure de la Légion, conformément à l'article 46 du décret du 16 mars 1852.

Les mêmes décisions peuvent être prises, dans la même forme, par application de l'article 62 de l'ordonnance du 26 mars 1816 (1), contre tout officier des armées de terre et de mer mis en retrait d'emploi pour inconduite habituelle ou pour faute contre l'honneur.

Art. 6.

Les dispositions du titre 6 du décret du 16 mars dernier, sur l'Ordre de la Légion d'honneur, ainsi que le présent décret, sont applicables aux décorés de la Médaille militaire.

En cas de condamnation emportant la dégradation d'un décoré de la Médaille militaire, le président de la cour ou du conseil de guerre prononce immédiatement, après la lecture du jugement, la formule suivante :

« Vous avez manqué à l'honneur ; je déclare que vous cessez d'être décoré de la Médaille militaire. »

Art. 7.

La suspension des droits et prérogatives attachés à la qualité de membre de la Légion d'honneur ou de décoré de la Médaille militaire emporte la suspension de l'autorisation de porter les insignes d'un ordre étranger quelconque.

La privation des mêmes droits emporte également le retrait définitif de l'autorisation de porter les insignes d'un ordre étranger.

Art. 8.

Le Grand Chancelier informe de toute radiation ou suspension opérée en vertu des dispositions du présent décret, le ministre de la justice, s'il

______

(1) Article 62.

s'agit d'un individu non militaire, et les ministres de la guerre et de la marine, s'il s'agit d'un militaire ou d'un marin, ou d'un individu assimilé aux militaires ou marins.

Art. 9.

Tout individu qui aura encouru la suspension ou la privation des droits et prérogatives attachés à la qualité de membre de la Légion d'honneur ou de décoré de la Médaille militaire, et qui en portera les insignes, ou ceux d'un ordre étranger, sera poursuivi et puni conformément à l'article 259 du Code pénal.

Art. 10.

Les ministres d'Etat, de la justice, de la guerre et de la marine et des colonies, ainsi que le Grand Chancelier de la Légion d'honneur, sont chargés, chacun en ce qui le concerne, de l'exécution du présent décret.

Fait au Palais de Saint-Cloud, le 24 novembre 1852.

Signé LOUIS-NAPOLÉON.

Par le Président :
Le Ministre d'Etat,
Signé ACHILLE FOULD.

Vu pour l'exécution :
Le Grand Chancelier de la Légion d'honneur,
Signé G^{al} Cte D'ORNANO.

Instruction pour l'exécution du décret disciplinaire du 24 novembre 1852.

Paris, le 10 janvier 1853.

MONSIEUR LE GARDE DES SCEAUX (1),

J'ai eu l'honneur de vous adresser une ampliation du décret rendu, le 24 novembre 1852, sur la discipline des membres de l'Ordre impérial de la Légion d'honneur et des décorés de la Médaille militaire.

Il ne vous aura pas échappé, Monsieur le Ministre, que ce décret s'appliquant à tous les membres de la Légion d'honneur ou aux décorés de la Médaille, qui se trouvaient, au moment de sa promulgation, dans l'un des cas qu'il prévoit, il y a lieu de m'adresser les actes, jugements et décisions qui les concernent, et qui n'ont pas, jusqu'à présent, été communiqués à la Grande Chancellerie.

Le conseil de l'Ordre impérial de la Légion d'honneur étant appelé à donner son avis sur les mesures à prendre en matière disciplinaire, il est important que les pièces indiquées ci-dessus soient accompagnées des divers renseignements propres à éclairer sa religion dans chaque affaire.

J'ai l'honneur de vous adresser un relevé indicatif des pièces à produire en conséquence des diverses dispositions du décret du 24 novembre ; je

---

(1) Des instructions semblables ont été adressées à MM. les ministres de la guerre et de la marine.

vous prie de vouloir bien donner les instructions nécessaires pour que ces pièces me soient envoyées exactement, avec les renseignements particuliers que vous jugerez à propos d'y faire ajouter.

Il est essentiel que je connaisse le lieu où se trouve le membre de la Légion ou le décoré de la Médaille, dont les pièces me seront ainsi adressées, afin qu'il soit invité à produire ses moyens de justification, lorsque les circonstances l'exigeront.

Veuillez agréer, Monsieur le Garde des sceaux, l'assurance de ma haute considération.

Le Grand Chancelier,

Signé G^{al} Cte d'Ornano.

Nomenclature *des pièces à adresser au Grand Chancelier de l'Ordre impérial de la Légion d'honneur, dans les cas prévus par les articles 1, 2, 3, 4 et 5 du décret du 24 novembre 1852, sur la discipline des membres de l'Ordre.*

Art. 1. — Expédition authentique, ou extrait du jugement ou de l'acte emportant la radiation des contrôles de l'Ordre, avec indication certifiée de la date à laquelle cet acte ou jugement est devenu exécutoire.

Art. 2. — Expédition authentique de l'acte ou de la décision judiciaire emportant la suspension des droits de citoyen français, spécialement des jugements déclaratifs de faillite, d'interdiction légale, de mise en accusation pour crime ou de contumace. (Voir articles 1 et 2 du décret du 24 ventôse an xii, 4 et 5 de la constitution de l'an viii.)

Art. 3. — 1° L'expédition du jugement portant condamnation au boulet, aux travaux publics ou à l'emprisonnement, quelle qu'en soit la durée, avec indication certifiée de la date à laquelle ce jugement a commencé à recevoir son exécution, et l'indication du lieu où le condamné subit sa peine;

2° Lors de l'expiration de la peine, copie de la levée d'écrou ou de l'ordre de mise en liberté, avec indication du corps ou du lieu où le condamné doit se rendre.

Art. 4. — 1° Copie légale de la décision disciplinaire qui ordonne l'envoi dans une compagnie de discipline, avec indication certifiée du jour où cette décision est devenue exécutoire, et indication du lieu où le condamné subit sa peine ;

2° Lors de l'expiration de la peine, copie de l'ordre de mise en liberté, avec indication du corps ou du lieu sur lequel le disciplinaire est dirigé.

Art. 5. — 1° Copie légale du jugement de condamnation, ou de la décision portant mise en retrait d'emploi ;

2° Envoi ou communication de la procédure qui a donné lieu à ce jugement ou à cette décision, avec tous les renseignements propres à éclairer la religion du Conseil de l'Ordre ;

3° S'il s'agit d'un militaire, copie de ses états de services, de ses punitions, et des notes qui lui ont été données par ses supérieurs.

Instruction rappelant l'observation des statuts de l'Ordre pour les membres de la Légion d'honneur en état de faillite ou atteints par des jugements emportant suspension des droits civils ou politiques.

Le Grand Chancelier de l'Ordre impérial de la Légion d'honneur rappelle aux membres de l'Ordre que, l'état de faillite emportant la suspension légale des droits et prérogatives attachés à la qualité de membre de la Légion d'honneur, aux termes de l'arrêté du 24 ventôse an XII, de l'article 39 du décret organique du 16 mars 1852, et de l'article 2 du décret du 24 novembre suivant, ceux des légionnaires qui se trouvent dans cette position doivent immédiatement quitter les insignes de l'Ordre, jusqu'au moment de leur réhabilitation prononcée par arrêt judiciaire, sous peine d'être poursuivis, conformément à l'article 259 du Code pénal.

Aux termes des dispositions ci-dessus visées, la suspension des droits et prérogatives attachés à la qualité de membre de la Légion d'honneur est également la conséquence légale de toute décision judiciaire emportant la suspension des droits civils ou politiques, aussi longtemps que dure cette décision.

Décret impérial concernant les brevets à délivrer aux membres de la Légion d'honneur et aux décorés de la Médaille militaire.

NAPOLÉON, par la grâce de Dieu et la volonté nationale, Empereur des Français,

A tous présents et à venir, salut.

Sur le rapport de notre Grand Chancelier de l'Ordre impérial de la Légion d'honneur et de l'avis du Conseil de l'Ordre;

Vu l'article 35 du décret organique de la Légion d'honneur du 16 mars 1852, portant que des brevets signés de nous et contre-signés par notre Grand Chancelier de la Légion d'honneur seront délivrés aux membres de l'Ordre nommés ou promus à l'avenir,

Avons décrété et décrétons ce qui suit :

ART. 1er.

Il sera délivré des brevets conformes au modèle annexé au présent, à tous les membres de la Légion d'honneur, nommés ou promus à des grades dans la Légion depuis le 16 mars 1852, et à ceux qui seront nommés ou promus à l'avenir.

Art. 2.

Il sera également délivré des brevets aux membres de la Légion d'honneur nommés ou promus à des grades dans la Légion d'honneur, antérieurement au 16 mars 1852, qui en feront la demande à notre Grand Chancelier de l'Ordre.

Art. 3.

Des brevets conformes au modèle annexé au présent seront délivrés à tous les sous-officiers et soldats des armées de terre et de mer décorés de la Médaille militaire depuis le 22 janvier 1852, et à tous ceux qui recevront cette Médaille à l'avenir.

Art. 4.

Il sera perçu par la Grande Chancellerie de la Légion d'honneur, pour l'expédition des brevets mentionnés ci-dessus,

<table>
<tr><td rowspan="5">Par brevet</td><td>de Chevalier.....................</td><td>12 francs.</td></tr>
<tr><td>d'Officier.......................</td><td>25</td></tr>
<tr><td>de Commandeur....................</td><td>40</td></tr>
<tr><td>de Grand Officier................</td><td>60</td></tr>
<tr><td>de Grand-Croix...................</td><td>100</td></tr>
</table>

Art. 5.

Seront exempts de tous frais d'expédition les sous-officiers et soldats des armées de terre et de mer nommés, en activité de service, membres de la Légion d'honneur depuis le 16 mars 1852, ou qui le seront à l'avenir.

Art. 6.

Les brevets indiqués par l'article 3 seront également délivrés gratuitement aux sous-officiers et soldats qui sont ou seront décorés de la Médaille militaire.

Art. 7.

L'excédant de la recette des frais d'expédition sur la dépense occasionnée par la délivrance des brevets de la Légion d'honneur sera employé, 1° à couvrir les frais de brevets délivrés aux sous-officiers et soldats, conformément à l'article 5 du présent décret ; 2° à couvrir les frais de brevets de la Médaille militaire délivrés conformément à l'article précédent.

Ces dépenses couvertes, le surplus de l'excédant servira, s'il en existe, à augmenter le fonds de secours affecté aux membres et aux orphelines de la Légion d'honneur.

Art. 8.

Les frais d'expédition seront prélevés, pour les membres de la Légion d'honneur jouissant d'un traitement à ce titre, sur la première annuité à leur payer de leur traitement

ART. 9.

Notre Grand Chancelier de l'Ordre impérial de la Légion d'honneur est chargé de l'exécution du présentdécret.

Fait au Palais des Tuileries, le 14 mars 1853.

Signé NAPOLÉON.

Par l'Empereur :
Le Ministre d'Etat,
Signé ACHILLE FOULD.

Vu pour l'exécution :
Le Grand Chancelier,
Signé G^{al} Cte D'ORNANO.

Instructions pour l'exécution du décret concernant les brevets à délivrer aux membres de la Légion d'honneur et aux décorés de la Médaille militaire.

Paris, le 23 juin 1853.

MONSIEUR LE PRÉFET,

L'Empereur, par son décret du 14 mars 1853, a décidé qu'il serait délivré des brevets à tous les légionnaires nommés ou promus à des grades dans la Légion depuis le 16 mars 1852, ainsi qu'à ceux qui seront nommés ou promus à l'avenir. Le même décret règle qu'il sera également délivré des brevets aux membres de la Légion d'honneur nommés ou promus antérieurement au 16 mars 1852, qui en feront la demande au Grand Chancelier.

Pour que l'administration de la Légion d'honneur fasse exécuter ces dispositions, et afin surtout qu'elle puisse y apporter toute l'exactitude et la régularité nécessaires, je vous serai très-obligé, Monsieur le Préfet, de faire connaître à MM. les membres de l'Ordre résidant dans votre département, par les moyens de publicité qui sont à votre disposition, que les pièces désignées ci-après doivent être produites à la Grande Chancellerie.

1° La lettre d'avis ou le titre constatant la nomination ;
2° L'acte de naissance dûment légalisé ;
3° L'état des services.

Aux termes de l'article 4 du décret du 14 mars 1853, il doit être perçu par la Grande Chancellerie, pour les frais d'expédition des brevets, savoir :

	de Chevalier.....................	12 fr.
	d'Officier..!.....................	25
Par brevet	de Commandeur.................	40
	de Grand Officier...............	60
	de Grand-Croix...............	100

Les sous-officiers et soldats en activité de service, membres de la Légion d'honneur depuis le 16 mars 1852, seront exempts de tous frais d'expédition.

Il ne sera délivré de brevets à MM. les membres de l'Ordre qui ne reçoivent pas de traitement en cette qualité, et qui ne font pas partie des corps de l'armée, qu'après qu'ils auront adressé à la Grande Chancellerie un récépissé constatant le versement à la caisse du receveur des finances de leur arrondissement, ou à la caisse des dépôts et consignations, à Paris, de la somme exigée pour les frais d'expédition.

Permettez-moi, Monsieur le Préfet, de compter sur votre concours obligeant pour qu'il soit satisfait aux intentions de Sa Majesté.

Veuillez agréer, Monsieur le Préfet, l'assurance de ma considération très-distinguée.

Le Grand Chancelier de l'Ordre impérial de la Légion d'honneur,

Signé DUC DE PLAISANCE.

Paris, le   juin 1853.

A Messieurs les Membres du Conseil d'administration du   régiment

MESSIEURS,

Vous avez eu connaissance, par le *Moniteur*, du décret sous la date du 14 mars dernier, aux termes duquel il doit être délivré des brevets à tous les membres de la Légion d'honneur nommés ou promus à des grades dans la Légion depuis le 16 mars 1852, et à ceux qui seront nommés ou promus à l'avenir.

Des brevets seront également délivrés aux membres de la Légion nommés ou promus antérieurement au 16 mars 1852 qui en feront la demande au Grand Chancelier.

Il doit aussi être délivré des brevets à tous les sous-officiers et soldats des armées de terre et de mer décorés de la Médaille militaire depuis le 22 janvier 1852, et à tous ceux qui recevront cette médaille à l'avenir.

L'article 4 du même décret porte qu'il sera perçu par la Grande Chancellerie de la Légion d'honneur, pour les frais d'expédition des brevets, savoir :

de Chevalier.............	12 fr.
d'Officier	25
Par brevet de Commandeur	40
de Grand Officier.........	60
de Grand-Croix..........	100

Les sous-officiers et soldats en activité de service nommés légionnaires depuis le 16 mars 1852 ou qui le seront à l'avenir, ainsi que les sous-officiers et soldats qui sont ou seront décorés de la Médaille militaire, recevront gratuitement leurs brevets.

Pour assurer l'exécution de la disposition qui forme l'article 4 du décret du 14 mars 1853, les frais d'expédition des brevets seront prélevés, pour les membres de la Légion d'honneur ayant droit à un traitement, sur la première annuité à leur payer par la Grande Chancellerie.

Le membre de la Légion d'honneur qui ne jouit d'aucun traitement, en cette qualité, ne pourra obtenir un brevet qu'après avoir fait parvenir à la Grande Chancellerie un récépissé constatant qu'il a versé à la caisse du receveur des finances de l'arrondissement dans lequel il a sa résidence, ou à la Caisse des dépôts et consignations, à Paris, la somme exigée pour les frais d'expédition auxquels il est tenu d'après son grade dans l'Ordre.

Les pièces désignées ci-après doivent être produites à l'appui de la demande du brevet :

1° La lettre d'avis ou le titre constatant la nomination ;

2° L'acte de naissance dûment légalisé ;

3° L'état des services.

Si la production de ces pièces ou d'une partie de ces pièces avait déjà été faite, il suffirait de le rappeler à la Grande Chancellerie.

Je vous prie, Messieurs, de porter cette instruction à la connaissance des membres de la Légion d'honneur qui font partie du corps que vous administrez, et je m'adresse avec confiance à votre exactitude pour en obtenir l'exécution.

Recevez l'assurance de ma considération très-distinguée.

Le Grand Chancelier,

Signé DUC DE PLAISANCE.

Instruction rappelant l'observation des statuts de la Légion d'honneur sur le port de la décoration.

Le Grand Chancelier de l'Ordre impérial de la Légion d'honneur rappelle aux membres de l'Ordre que si, par tolérance, il est permis dans les relations privées et sur l'habit de ville de porter un simple ruban ou des croix d'un diamètre différent de celui prescrit par les statuts de l'Ordre, ils ne peuvent porter dans l'exercice de leurs fonctions, sur le costume officiel ou sur l'uniforme, que les insignes déterminés, pour chaque grade, par les articles 9 et 10 du décret organique du 16 mars 1852, et selon la forme prescrite par le décret du 31 janvier précédent.

MÉDAILLE MILITAIRE.

Extrait du décret du 22 janvier 1852, qui restitue au domaine de l'Etat les biens meubles et immeubles qui sont l'objet de la donation faite le 7 août 1830 par le roi Louis-Philippe.

LOUIS-NAPOLÉON, Président de la République française,

Décrète :

. . . .

ART. 11.

Il est créé une Médaille militaire donnant droit à cent francs de rente viagère, en faveur des soldats et sous-officiers des armées de terre et de mer placés dans les conditions qui seront fixées par un règlement ultérieur.

ART. 12.

Un château national servira de maison d'éducation aux filles ou orphelines indigentes des familles dont les chefs auraient obtenu cette Médaille.

. . . .

Fait au palais des Tuileries, le 22 janvier 1852.

Signé LOUIS-NAPOLÉON.

Par le Président de la République :
Le Ministre d'Etat,
Signé X. DE CASABIANCA.

Décret relatif à la Médaille militaire instituée par le décret du 22 janvier 1852.

LOUIS-NAPOLÉON, Président de la République française;

Vu le décret du 22 janvier 1852, article 11, portant création « d'une Médaille militaire donnant droit à 100 francs de rente viagère, en faveur « des soldats et sous-officiers des armées de terre et de mer placés dans « les conditions qui seront déterminées par un règlement ultérieur » ;
Sur le rapport du ministre de la guerre et l'avis conforme du ministre de la marine,

Décrète :

Art. 1er.

La Médaille militaire instituée par l'article 11 du décret du 22 janvier 1852 sera en argent et d'un diamètre de 28 millimètres.
Elle portera, d'un côté, l'effigie de Louis-Napoléon, avec son nom pour exergue, et de l'autre côté, dans l'intérieur du médaillon, la devise *Valeur et discipline*. Elle sera surmontée d'un aigle.

Art. 2.

Les militaires et marins qui auront obtenu la Médaille, la porteront attachée par un ruban jaune avec un liséré vert, sur le côté gauche de la poitrine.

Art. 3.

La médaille pourra se porter simultanément avec la croix de la Légion d'honneur.
La rente viagère de 100 fr. attachée à chaque médaille accordée est, comme le traitement de la Légion d'honneur, incessible et insaisissable.
Elle peut se cumuler avec toute allocation ou pension sur les fonds de l'Etat ou des communes, mais non avec le traitement alloué aux membres de la Légion d'honneur.

Art. 4.

La Médaille militaire est accordée par le Président de la République, sur la proposition du ministre de la guerre ou de la marine, aux militaires ou marins qui réuniront les conditions déterminées ci-après.

Art. 5.

La Médaille pourra être donnée :
1° Aux sous-officiers, caporaux ou brigadiers, soldats ou marins qui se seront rengagés après avoir fait un congé, ou à ceux qui auront fait quatre campagnes effectives ;
2° A ceux dont les noms auront été cités à l'ordre de l'armée, quelle que soit leur ancienneté de service ;
3° A ceux qui auront reçu une ou plusieurs blessures en combattant devant l'ennemi ou dans un service commandé ;

4° A ceux qui se seront signalés par un acte de courage ou de dévouement méritant récompense.

Art. 6.

Les dispositions qui précèdent sont applicables à tous les employés, gardes et agents militaires qui, dans les armées de terre ou de mer, ne sont pas traités ou considérés comme officiers.

Art. 7.

Les ministres de la guerre et de la marine, ainsi que le Grand Chancelier de la Légion d'honneur, sont chargés, chacun en ce qui le concerne, de l'exécution du présent décret.

Fait au Palais des Tuileries, le 29 février 1852.

Signé LOUIS-NAPOLÉON.

Par le Prince Président :
Le Ministre de la guerre,
Signé A. DE SAINT-ARNAUD.

Le Ministre de la marine et des colonies,
Signé TH. DUCOS.

Décret impérial portant que la valeur des médailles sera imputée sur la première annuité à payer aux titulaires.

LOUIS-NAPOLÉON, PRÉSIDENT DE LA RÉPUBLIQUE FRANÇAISE ;

Vu le décret du 22 janvier 1852, portant création de la Médaille militaire.
Vu le décret du 29 février suivant, portant règlement de la Médaille militaire.
Sur la proposition du Grand Chancelier de l'Ordre de la Légion d'honneur,

Décrète :

Art. 1er.

La valeur des Médailles militaires sera imputée sur la première annuité à payer aux titulaires.

Art. 2.

Le Ministre d'Etat et le Grand Chancelier de la Légion d'honneur sont chargés, chacun en ce qui le concerne, de l'exécution du présent décret.

Fait au palais de Saint-Cloud, le 9 novembre 1852.

L. NAPOLÉON.

Vu :
Le Grand Chancelier,
Général Comte D'ORNANO.

Par le Président :
Le Ministre d'Etat,
ACHILLE FOULD.

Discipline des décorés de la Médaille militaire.

(Voir le décret du 24 novembre 1852, article 6, page 32.)

Brevets des décorés de la Médaille militaire.

(Voir le décret du 14 mars 1853, article 3, page 36.)

Formalités à remplir par les décorés de la Médaille militaire pour obtenir la délivrance de leurs brevets.

(Voir la lettre circulaire de S. E. M. le Grand Chancelier à MM. les membres des conseils d'administration, page 38.)

ORDRES ÉTRANGERS.

**Décret concernant l'autorisation d'accepter et de porter
des décorations ou des ordres étrangers.**

NAPOLÉON, par la grâce de Dieu et la volonté nationale, Empereur des Français,

A tous présents et à venir, salut :

Sur le rapport de notre Grand Chancelier de l'Ordre impérial de la Légion d'honneur ;

Après avoir pris l'avis du Conseil de l'Ordre ;

Vu les articles 50 et 52, § 3 et 4 du décret organique de la Légion d'honneur, en date du 16 mars 1852, lesquels portent, article 50 : « Tous « les ordres étrangers sont dans les attributions du Grand Chancelier de la « Légion d'honneur. »

Article 52, § 3 : « Il (le Grand Chancelier) prend les ordres du Chef de « l'Etat à l'égard des ordres étrangers conférés à des Français » ;

§ 4. « Il transmet l'autorisation de les porter. »

Vu l'article 259 du Code pénal, ainsi conçu :

Toute personne qui aura porté publiquement un costume, un uniforme ou une décoration qui ne lui appartiendra pas, sera punie d'un emprisonnement de six mois à deux ans ;

Considérant qu'au mépris de ces dispositions des Français se décorent d'insignes d'Ordres étrangers conférés par des autorités ou des corporations n'ayant pas la puissance souveraine, ou pour lesquels ils n'ont pas obtenu une autorisation spéciale ;

Considérant que des abus graves se sont introduits dans le mode de porter les insignes des ordres étrangers pour lesquels l'autorisation a été accordée ;

Voulant faire cesser des désordres d'autant plus fâcheux que leur effet est d'affaiblir la juste considération qui doit s'attacher aux décorations conférées par des souverains étrangers et le prix de récompenses obtenues régulièrement et données à des services certains et vérifié ;

Voulant également que la loi pénale reçoive sa pleine exécution, et que

nos officiers de justice ne négligent .plus d'exercer à cet égard la surveillance qui leur est prescrite ,

Avons décrété et décrétons ce qui suit :

Art. 1er.

Toutes décorations ou tous Ordres étrangers, quelle qu'en soit la déno-
mination ou la forme, qui n'auraient pas été conférés par une puissance
souveraine, sont déclarés illégalement et abusivement obtenus, et il est
enjoint à tout Français qui les porte de les déposer à l'instant.

Art. 2.

Tout Français qui, ayant obtenu des Ordres étrangers, n'aura pas
reçu du chef de l'Etat l'autorisation de les accepter et de les porter, sera
pareillement tenu de les déposer immédiatement, sauf à lui à se pourvoir,
s'il y a lieu, auprès de notre Grand Chancelier de l'Ordre impérial de
la Légion d'honneur, pour solliciter cette autorisation.

Art. 3.

Il est formellement interdit de porter d'autres insignes que ceux de l'Ordre et du grade pour lesquels l'autorisation a été accordée, sous les peines
édictées en l'article 259 du Code pénal.

Art. 4.

A l'avenir, toute demande d'autorisation d'accepter et de porter les ins_-
gnes d'un Ordre ou d'une décoration étrangère, devra être adressée,
hiérarchiquement, au Grand Chancelier par l'intermédiaire du ministre
dont relève le demandeur à raison de ses fonctions ou de son emploi.

Si le demandeur en autorisation n'exerce aucune fonction publique, ou
n'a que des fonctions gratuites, il adressera sa demande par l'intermédiaire
du Préfet de sa résidence actuelle.

Les Ministres, les hauts dignitaires de l'État, les membres du Sénat, du
Corps législatif, du Conseil d'Etat et du Conseil de l'Ordre impérial de la
Légion d'honneur sont autorisés à adresser directement leur demande à
notre Grand Chancelier.

Art. 5.

Les Ministres et les Préfets devront transmettre immédiatement, à notre
Grand Chancelier, les demandes d'autorisation qui leur sont remises avec
leur avis sur la suite à y donner.

Art. 6.

Toute demande d'autorisation formée par un Français ne faisant pas
partie de la Légion d'honneur devra être accompagnée d'un extrait régulier
de son acte de naissance. .

Art. 7.

Les autorisations par nous délivrées seront insérées au *Moniteur.*

Art. 8.

Une ampliation du décret d'autorisation sur parchemin, conforme au modèle ci-annexé, sera délivrée à l'impétrant.

Art. 9.

Pareille ampliation sera délivrée aux Français déjà autorisés qui en feront la demande à notre Grand Chancelier de l'Ordre impérial de la Légion d'honneur.

Art. 10.

Il sera perçu par la Grande Chancellerie de la Légion d'honneur, à titre de droits de chancellerie,

Savoir :

Pour les décorations portées à la boutonnière.......... 60 fr.
Pour les décorations portées en sautoir................. 100
Pour les décorations portées avec plaque sur la poitrine.. 150
Pour les décorations portées avec grand cordon en écharpe 200

Art. 11.

Les soldats, sous-officiers et officiers, en activité de service, jusques et y compris le grade de capitaine dans l'armée de terre, et de lieutenant de vaisseau dans l'armée de mer, qui, à l'avenir, seront autorisés à accepter et porter des Ordres ou des décorations étrangères, seront exempts de tous droits de chancellerie.

Art. 12.

Les produits des droits de chancellerie seront employés :
1° A couvrir les frais d'expédition des ampliations de décrets d'autorisation ;
2° A augmenter le fonds de secours affecté aux membres et aux orphelines de la Légion d'honneur.

Art. 13.

Les dispositions disciplinaires des lois, décrets et ordonnances sur la Légion d'honneur sont applicables aux Français décorés d'Ordres étrangers ; en conséquence, le droit de porter les insignes de ces Ordres peut être suspendu ou retiré dans les cas et selon les formes déterminées pour les membres de la Légion d'honneur.

Art. 14.

L'ordonnance du 16 avril 1824 est abrogée.

ART. 15.

Nos Ministres et notre Grand Chancelier de l'Ordre impérial de la Légion d'honneur sont chargés, chacun en ce qui le concerne, de l'exécution du présent décret.

Fait au Palais de Saint-Cloud, le 10 juin 1853.

Signé NAPOLÉON.

Par l'Empereur :

Le Ministre d'Etat,
Signé ACHILLE FOULD.

Vu pour l'exécution ,

Le Grand Chancelier de l'Ordre impérial de la Légion d'honneur,
Signé DUC DE PLAISANCE.

Décisions impériales concernant les Ordres étrangers.

Paris, e 10 juin 1853.

SIRE,

Le décret de Votre Majesté, en date de ce jour, sur les Ordres ou les décorations étrangères, n'ayant pu que poser des principes généraux, il est nécessaire que des dispositions secondaires viennent me guider dans les mesures que je dois prendre pour en assurer la complète exécution.

J'ai donc l'honneur de proposer à Votre Majesté les dispositions suivantes qui auront alors toute la force de son autorité souveraine, et deviendront l'expression de sa volonté impériale.

1° Sont considérées comme illégalement ou abusivement obtenues, toutes décorations qualifiées françaises ou étrangères, et conférées sous quelque titre que ce soit par des chapitres, corporations, confréries, prétendus Grands Maîtres, leurs délégués, etc., etc.

2° L'Ordre de Malte étant un ordre étranger ne peut être accepté ou porté par un Français qu'autant que, conféré par un souverain, l'autorisation en a été accordée par nous ou nos prédécesseurs.

3° Toute décoration étrangère ne pourra être portée en sautoir (commandeur ou classe correspondante) que par les officiers supérieurs ou les fonctionnaires d'un rang analogue.

Les grands cordons ou plaques seront seulement portés par les officiers généraux ou les fonctionnaires civils d'un rang correspondant.

Toute autorisation antérieure, contraire à la présente disposition, est révoquée.

4° Il est interdit à tout Français, sous les peines portées par l'article 259 du Code pénal, de porter aucun costume ou uniforme soi-disant spécial ou afférent à un ordre ou à une décoration étrangère.

5° Les demandes en autorisation d'accepter ou de porter des Ordres ou des décorations étrangères, seront examinées et vérifiées en conseil de l'Ordre par notre Grand Chancelier de l'Ordre impérial de la Légion d'honneur.

6° Nos Ministres , notre Grand Chancelier de l'Ordre impérial de la Légion d'honneur et nos officiers de justice sont spécialement chargés de veiller à la stricte exécution des présentes décisions.

Je suis avec le plus profond respect, Sire, de Votre Majesté,

Le très-humble, très-obéissant et très-fidèle serviteur et sujet,

Le Grand Chancelier de la Légion d'honneur,
Signé Duc de Plaisance.

Approuvé :
Signé NAPOLÉON.

Par l'Empereur :
Le Ministre d'État,
Signé Achille Fould.

Vu pour l'exécution :
Le Grand Chancelier de l'Ordre impérial de la Légion d'honneur,
Signé Duc de Plaisance.

Discipline des décorés d'Ordres étrangers.

(Voir le décret du 24 novembre 1852, article 7, page 32.)

Instruction sur les formalités à remplir pour être autorisé à accepter ou à porter des Ordres ou des décorations étrangères.

Le Grand Chancelier de l'Ordre impérial de la Légion d'honneur fait connaître aux Français qui sollicitent l'autorisation d'accepter et de porter des Ordres ou des décorations étrangères, que leur demande, adressée conformément à l'article 4 du décret du 10 juin courant, doit être accompagnée :

1° Du titre ou brevet de l'Ordre ou de la décoration pour laquelle l'autorisation est sollicitée ;

2° De l'acte de naissance pour ceux qui ne sont pas membres de la Légion d'honneur (art. 6 du décret) ;

3° D'un récépissé de la somme due pour droits de chancellerie (art. 10 du décret) ; cette somme sera versée à la caisse des dépôts et consignations, pour Paris, ou à la caisse du receveur des finances de leur arrondissement, pour les départements.

Ces mesures s'appliqueront aussi aux personnes en instance devant la Grande Chancellerie pour l'obtention de leur autorisation ; en conséquence, il ne sera donné aucune suite à leur demande, avant que ces formalités ne soient remplies.

TABLE DES MATIÈRES.

ADMINISTRATION CENTRALE.

LÉGION D'HONNEUR.

MÉDAILLE MILITAIRE.

ORDRES ÉTRANGERS.

Paris, imprimerie de Paul Dupont, rue de Grenelle-Saint-Honoré, 45.